Dieter Medicus
Probleme um das Schuldverhältnis

Schriftenreihe
der
Juristischen Gesellschaft zu Berlin

Heft 108

W
DE
G

1987

Walter de Gruyter · Berlin · New York

Probleme um das Schuldverhältnis

Von
Dieter Medicus

Vortrag
gehalten vor der
Juristischen Gesellschaft zu Berlin
am 20. Mai 1987

W
DE
G

1987

Walter de Gruyter · Berlin · New York

Dr. iur. Dieter Medicus
Professor für Römisches und Antikes Recht
und Bürgerliches Recht
an der Ludwig Maximilians-Universität München

CIP-Kurztitelaufnahme der Deutschen Bibliothek

Medicus, Dieter:
Probleme um das Schuldverhältnis : Vortrag,
gehalten vor d. Jur. Ges. zu Berlin am 20. Mai 1987 /
Dieter Medicus. –
Berlin ; New York : de Gruyter, 1987.
  (Schriftenreihe der Juristischen Gesellschaft zu
  Berlin ; H. 108)
  ISBN 3 11 011 578 6
NE: Juristische Gesellschaft ⟨Berlin, West⟩: Schriften-
reihe der Juristischen Gesellschaft e. V. Berlin

©
Copyright 1987 by
Walter de Gruyter & Co. 1000 Berlin 30
Alle Rechte, insbesondere das Recht der Vervielfältigung und Verbreitung sowie der Übersetzung,
vorbehalten. Kein Teil des Werkes darf in irgendeiner Form (durch Fotokopie, Mikrofilm oder ein anderes
Verfahren) ohne schriftliche Genehmigung des Verlages reproduziert oder unter Verwendung elektronischer
Systeme verarbeitet, vervielfältigt oder verbreitet werden.
Printed in Germany
Satz und Druck: Saladruck, Berlin 36
Bindearbeiten: Verlagsbuchbinderei Dieter Mikolai, Berlin 10

I. Die Fragestellung

Joachim Gernhuber hat 1979 in dem Vorwort zu dem „Schadensersatz-recht" von *Hermann Lange* folgendes bemerkt[1]:

> „Von den Grundlehren, die zu Beginn des Jahrhunderts die Schuldrechtsdog-matik beherrschten, hat schließlich keine standzuhalten vermocht: die Beschrän-kung des Schuldverhältnisses auf Gläubiger und Schuldner, die Skelettierung des Schuldverhältnisses bis auf die Leistungspflichten, die sorgfältige Analyse, die jedes Schuldverhältnis aus dem sozialen Kraftfeld löst, in dem es wirkt, das alles ist Vergangenheit."

Der folgende Vortrag entstammt dem Nachdenken über diese Bemer-kung. Dabei geht es zugleich um die Frage, ob die gesetzliche Definition des Schuldverhältnisses in § 241 S. 1 BGB unverändert in ein überarbeite-tes Schuldrecht übernommen werden sollte.

II. Argumente für eine Krise des Schuldverhältnisses

Sehen wir zunächst, auf welche Argumente sich das Urteil Gernhubers stützen kann.

1. Die Beschränkung auf Gläubiger und Schuldner

Ich beginne mit der personellen Umgrenzung des Schuldverhältnisses, also mit seiner Beschränkung auf Gläubiger und Schuldner.

a) Für die Gläubigerseite wird man zu unterscheiden haben:

aa) Daß der Anspruch auf die Primärleistung nur dem Gläubiger zusteht, daß also etwa nur der Mieter die Überlassung der Mietwohnung fordern kann, trifft gewiß nach wie vor zu. Das schon im BGB vorgese-hene Forderungsrecht eines Dritten beim echten Vertrag zugunsten Drit-ter bildet nur scheinbar eine Ausnahme. Denn der Forderungsberechtigte heißt hier nicht deshalb „Dritter", weil er nicht Gläubiger wäre. Vielmehr beruht diese Bezeichnung allein auf dem Umstand, daß er an dem forderungsbegründenden Versprechen nicht beteiligt war.

bb) Ein anderes, die „heile Welt" des Schuldverhältnisses eher in Frage stellendes Bild zeigt sich dagegen bei sekundären Schadensersatzansprü-chen.

---

[1] Dort S. V, ähnliche Formulierungen schon bei *Gernhuber*, 1. Festschrift Larenz (1973) S. 455.

(1) Hier kann man zunächst an die den Vätern des BGB zwar bekannte, von ihnen aber nicht allgemein geregelte Drittschadensliquidation denken. Bei dieser wird die Exklusivität des Schuldverhältnisses insofern aufgegeben, als der Gläubiger zur Begründung seines Ersatzanspruchs auf Umstände in der Person eines Dritten zurückgreifen darf. Doch bleibt hier die Dogmatik des Schuldverhältnisses im übrigen noch gewahrt: Gläubiger des Anspruchs ist ja der Partner des verletzten Vertrages oder der Träger des beeinträchtigten Rechtsguts, etwa der Eigentümer der zerstörten Sache. Zudem hat *Hagen*[2] gezeigt, daß die Drittschadensliquidation überhaupt weithin entbehrlich ist: Man braucht nur den Schaden normativ zu ermitteln, nämlich unter Außerachtlassung der Schadensverlagerung auf den Dritten. So bleibt etwa in dem Schulfall des Versendungskaufs (Schadensverlagerung durch § 447 BGB) außer Betracht, daß der klagende Verkäufer die vom Beklagten zerstörte Kaufsache schon unter Überwälzung der Preisgefahr an den Dritten verkauft hatte. Endlich befindet sich die Drittschadensliquidation gegenüber dem Vertrag mit Schutzwirkung für Dritte eher auf dem Rückzug. Insgesamt erschüttert sie daher die herkömmliche Dogmatik des Schuldverhältnisses nicht wesentlich.

(2) Für den gerade erwähnten Vertrag mit Schutzwirkung für Dritte läßt sich das freilich nicht sagen. Denn diese Rechtsfigur gewährt Personen, die keinen Anspruch auf die Primärleistung haben und insofern nicht Gläubiger sind, Ansprüche auf Schadensersatz. So können etwa auch am Mietvertrag nicht beteiligte Angehörige des Mieters Schadensersatz nach Vertragsrecht verlangen, wenn sie infolge eines Mangels der Mietsache verletzt worden sind. Zudem breitet sich diese Rechtsfigur immer weiter aus, und zwar vor allem auf drei Wegen:

Erstens hat die Rechtsprechung in den letzten Jahren zumindest für bestimmte Fallgruppen das ursprünglich aufgestellte „Wohl und Wehe-Erfordernis" aufgegeben[3]. Danach hatte für eine vertragliche Drittschutzwirkung ein besonders enges Verhältnis zwischen dem Gläubiger und dem zu schützenden Dritten nötig sein sollen: Der Gläubiger müsse „gewissermaßen für das Wohl und Wehe des Dritten verantwortlich" sein[4]. Dieses Erfordernis beschränkte die Schutzwirkung im wesentlichen auf Familienangehörige und Bedienstete des Gläubigers. Soweit man es fallenläßt, kommt eine vertragliche Schutzwirkung sogar für Personen in

---

[2] Die Drittschadensliquidation im Wandel der Rechtsdogmatik (1971).
[3] So in neuerer Zeit insbesondere der IV a-Senat des BGH, letztens NJW 1987, 1758, 1759 (dazu *Hopt* ebenda 1745, 1746) mit weiteren Angaben.
[4] Etwa BGHZ 51, 91, 96 (Hühnerpest); 56, 269, 273; 66, 51, 57; BGH NJW 1970, 38, 40.

Betracht, denen der Gläubiger rechtlich überhaupt nicht verantwortlich ist.

Zweitens hat die Rechtsprechung auch vereinzelt die Beschränkung des Drittschutzes auf den Ersatz des Erhaltungsinteresses aufgegeben: Dem Dritten ist Schadensersatz wegen Nichterfüllung und damit ein Surrogat derjenigen Leistung zuerkannt worden, auf die selbst er keinen Anspruch hatte. Ein Beispiel bildet der Rechtsanwalt, der vertragswidrig-schuldhaft die Errichtung eines Testaments vereitelt hatte: Hier hat der BGH den Anwalt zum Ersatz der Erbschaft und damit zum Schadensersatz wegen Nichterfüllung verurteilt[5], obwohl der verhinderte Erbe von dem Anwalt Erfüllung nicht hätte verlangen können.

Drittens endlich verzichten viele auch auf das Erfordernis eines wirksamen Vertrages, aus dem die Schutzwirkung hergeleitet werden soll[6]. Wenigstens in diesen Fällen kommt also, wenn man in der Alternative von Rechtsgeschäft und Gesetz denkt[7], als Verpflichtungsgrund nur das Gesetz selbst in Betracht; der Name „Vertrag" mit Schutzwirkung für Dritte paßt insoweit nicht.

cc) Noch deutlicher sieht man ein Schuldverhältnis ohne Leistungspflichten beim Verschulden bei Vertragsverhandlungen. Denn bei Schäden, die bereits während der Vertragsverhandlung entstehen, fehlt ein wirksamer Vertrag allemal. Ein solcher Vertrag braucht auch nicht einmal später abgeschlossen zu werden: Etwa in dem Linoleumrollenfall von RGZ 78, 239 wäre es ja ganz unsinnig, den Anspruch der verletzten Kaufinteressentin davon abhängig zu machen, daß diese später noch von dem Linoleum kauft, das ihr auf den Fuß gefallen war.

Aber die Ersatzpflicht aus Verschulden bei Vertragsverhandlungen ist nicht nur von dem späteren Entstehen von Leistungspflichten gelöst. Vielmehr soll es nicht einmal nötig sein, daß der Geschädigte solche Leistungspflichten überhaupt hatte begründen wollen: So hat der BGH[8] auch der minderjährigen Tochter Ersatzansprüche zuerkannt, die ihre Mutter bloß beim Einkaufen begleitet hatte und dabei in dem Laden auf

---

[5] BGH JZ 1966, 141 mit Anm. *W. Lorenz.* Vom Erbrecht her will den Schaden dagegen anders verteilen *Kegel,* Festschr. Flume I (1978) 545.

[6] Etwa *Canaris,* JZ 1965, 475, 477f.; *U. Müller,* NJW 1969, 2169ff., vgl. neuestens *Soergel-Hadding,* BGB (11. Aufl. 1986) Anh. § 328 Rdn. 5; 7.

[7] *Rüßmann,* AcP 186 (1986) 291, 292f. hält diese Alternative anscheinend für überholt. Ihm ist zuzugeben, daß der Hinweis auf das Gesetz hinsichtlich des eigentlichen Haftungsmotivs farblos bleibt. Aber daß die Haftung unabhängig von einem rechtsgeschäftlichen Willen eintritt, läßt sich als Einteilungskriterium kaum entbehren. Begründete Einschränkungen der Alternative dagegen bei *Picker,* AcP 183 (1983) 369, 396f.

[8] BGHZ 66, 51.

einem Kohlblatt ausgerutscht war. Folgt man dem[9], so kann der bloße Eintritt in Vertragsverhandlungen in ähnlicher Weise Schutzwirkungen begründen wie ein Vertragsabschluß.

Schließlich soll nach einer bisweilen vertretenen Meinung[10] – die ich allerdings für falsch halte[11] – das Verschulden bei Vertragsverhandlungen ausnahmsweise auch zu einem Anspruch auf das Erfüllungsinteresse führen können, nämlich wenn ohne dieses Verschulden der Vertrag zustande gekommen wäre.

b) Soviel zur Gläubigerseite. Nach ihr sei nun die Schuldnerseite betrachtet: Stimmt die Beschränkung des Schuldverhältnisses auf den Schuldner noch?

Regelmäßig ist das sicher zu bejahen: So wenig wie das BGB einen Vertrag zu Lasten Dritter kennt, ist auch eine vertragliche Schutzwirkung gegen Dritte – also mit Schadensersatzansprüchen gegen eine andere Person als den Vertragspartner – entwickelt worden. Eine in ihrer Bedeutung stark gewachsene Ausnahme gilt freilich für das Verschulden bei Vertragsverhandlungen: Aus ihm wird eine Ersatzpflicht auch gegen Personen hergeleitet, die zwar an den Vertragsverhandlungen teilgenommen haben, aber nicht selbst Vertragspartner werden sollten. Diese Entscheidungsreihe hat ziemlich harmlos begonnen, nämlich mit einem Fall, in dem eine Person erst kurz vor dem Vertragsschluß offengelegt hatte, für einen anderen abschließen zu wollen[12]. Weitergelaufen ist die Entwicklung dann über eine Eigenhaftung gesetzlicher Vertreter[13] und die Haftung als „Sachwalter" titulierter Verhandlungsgehilfen[14] bis hin zu einer Art von Prospekthaftung[15]. Zur Begründung angeführt hat man teils das Vertrauen, das der Dritte für sich selbst in Anspruch genommen habe,

---

[9] Zu der Entscheidung – teils kritisch – *Kreuzer*, JZ 1976, 778; *Strätz*, JR 1976, 458; *Hohloch*, JuS 1977, 302.

[10] Etwa *D. Reinicke*, Rechtsfolgen formwidrig abgeschlossener Verträge (1969) 127; MünchKomm-*Emmerich*, BGB (2. Aufl. 1985) vor § 275 Rdn. 90 (aber mit einer Ausnahme); *Palandt-Heinrichs*, BGB (46. Aufl. 1987) § 276 Anm. 6 D b mit Nachweisen.

[11] Eindrücklich vor allem *Flume*, Allg. Teil des Bürg. Rechts II: Das Rechtsgeschäft (3. Aufl. 1979) 282 ff. Vgl. auch *Medicus*, Gutachten und Vorschläge zur Überarbeitung des Schuldrechts I (1981) 479, 513; *Soergel-Wiedemann* (o. Fn. 6) vor § 275 Rdn. 108.

[12] RGZ 120, 249.

[13] Dazu vor allem *Ballerstedt*, AcP 151 (1950/51) 501 ff.

[14] Dazu etwa BGHZ 56, 81; *Soergel-Wiedemann* (o. Fn. 6) vor § 275 Rdn. 79 ff. mit weiteren Angaben.

[15] Dazu ausführlich *Assmann*, Prospekthaftung (1985) mit Angaben, vgl. auch u. bei Fn. 44 f.

und teils dessen Eigeninteresse an dem Vertragsschluß. Jüngst hat der BGH[16] freilich betont, eine solche Dritthaftung dürfe nicht der Haftungsordnung des Gesellschaftsrechts widersprechen. Daher soll das Eigeninteresse, das der Gesellschafter einer GmbH an deren Verträgen notwendig haben muß, zur Begründung einer persönlichen Haftung dieses Gesellschafters nicht genügen.

Immerhin ist nach dem Gesagten nicht nur die Person des Gläubigers unsicher geworden, sondern – freilich in kleinerem Umfang – auch diejenige des Schuldners.

2. Die Beschränkung auf die Leistungspflichten

Der zweite von *Gernhuber* genannte Punkt ist die „Skelettierung des Schuldverhältnisses bis auf die Leistungspflichten"; diese sei Vergangenheit.

Ich lasse hier unerörtert, wann und durch wen eine solche Skelettierung wirklich stattgefunden hat: Immerhin folgt ja schon im BGB auf den die Leistungspflichten betreffenden § 241 der diese Leistungspflichten relativierende § 242. Auch der früh beginnende Siegeszug der positiven Vertragsverletzung, die sich zu einem guten Teil mit der Verletzung von Schutzpflichten beschäftigt, widerlegt eine einseitige Konzentration auf die Leistungspflichten. Richtig ist aber jedenfalls, daß die Schutzpflichten als eigene, von den Leistungspflichten zu unterscheidende Kategorie erst allmählich erkannt worden sind. Insbesondere ist die Frage, ob für Schutzpflichten eigene Regeln entwickelt werden müssen und wie diese zu lauten haben, erst verhältnismäßig spät gestellt worden[17]. So streitet man noch immer über klagbare Erfüllungsansprüche aus Schutzpflichten[18]. Auch die doch naheliegende Frage, ob gesetzliche Haftungsmilderungen in gleicher Weise wie für Leistungspflichten auch für Schutzpflichten gelten, ist vom BGH erstmals vor kurzem – in der Pülpe-Entscheidung[19] – behandelt worden: Danach braucht der Schenker für Folgeschäden aus dem Fehlen einer Aufklärung über die maßvolle Verwendung des geschenkten Viehfutters bei bloß leichter Fahrlässigkeit nicht einzustehen.

---

[16] NJW 1986, 586; Betr. 1986, 1328.

[17] Immerhin wird schon in Paul.Dig. 19, 2, 45 (vgl. auch Paul.Dig. 13, 6, 22) die Frage nach der Haftung eines Sklavenvermieters für den Fall erörtert, daß der Sklave den Mieter bestohlen hat: Genügt hierfür die Vertragsklage, oder liegt der Diebstahl schon *extra causam conductionis*?

[18] Dazu ausführlich *Stürner*, JZ 1976, 384, auch MünchKomm-*Kramer* (o. Fn. 10) vor § 241 Rdn. 71 Fn. 171; § 241 Rdn. 14 ff.

[19] BGHZ 93, 23, dazu – teils kritisch – *Stoll*, JZ 1985, 384; *Schlechtriem*, BB 1985, 1356; *Schubert*, JR 1985, 324.

3. Die Ablösung des Schuldverhältnisses von dem „sozialen Kraftfeld"

Schließlich bleibt der letzte der von *Gernhuber* genannten Punkte: Überholt sei es auch, das Schuldverhältnis aus dem Kraftfeld zu lösen, in dem es wirke. Dabei kann man an Verschiedenes denken.

a) Mir ist zunächst Folgendes in den Sinn gekommen: Das Allgemeine Schuldrecht nennt die handelnden Personen gewöhnlich „Gläubiger" und „Schuldner". Diese Rollenbeschreibung bietet keinen Anhalt für das, was man vielfach „sozial" nennt, nämlich für einen Schutz des Schwächeren. Insbesondere der Gedanke, schwächer und daher schutzbedürftig sei regelmäßig der Schuldner, kann allenfalls mit dem Blick auf Kreditgeschäfte aufkommen. Bei anderen Geschäften dagegen erweist sich eine solche Bewertung schnell als haltlos: Regelmäßig ist eben jede Partei sowohl Gläubiger wie Schuldner; wer schwächer ist, kann also in beiden Rollen des Schutzes bedürfen. Wirklich funktioniert ja denn auch der moderne Verbraucherschutz weithin als Gläubigerschutz: Dem Käufer, dem Wohnungsmieter oder dem Reisenden sollen seine Schadensersatz- und Gewährleistungsansprüche nicht verkümmert werden können.

Aber auch das Besondere Schuldrecht beschreibt die Vertragstypen überwiegend nicht so, daß sich aus der dort vorgesehenen Rollenverteilung ein einigermaßen zuverlässiger Anhalt für ein Schutzbedürfnis gewinnen ließe: „Käufer" etwa kann außer einem privaten Verbraucher auch die Bundesbahn mit einem Nachfragemonopol für Eisenbahnschienen sein; „Dienstverpflichteter" ist der unselbständige Arbeitnehmer ebenso wie der selbständige Arzt. Das „soziale Kraftfeld" findet an diesen Rollen so wenig einen Angriffspunkt wie ein Magnetfeld an Kupferteilchen.

An dieser „sozialen Farblosigkeit" hat sich gewiß vieles geändert. Ich nenne im folgenden nur unvollständig wenige Stichworte:

Schon das HGB hatte bestimmte als weniger schutzbedürftig vorgestellte Personen mit besonderen Pflichten oder Obliegenheiten belastet (z. B. §§ 347 I, 362, 377 f. HGB) oder sie von allgemeinen Schutzvorschriften ausgenommen (z. B. §§ 348—351 HGB);

dem BGB ist der Reisevertrag als Typenvertrag mit eindeutiger Schutzwirkung eingefügt worden, erkennbar am einseitig zwingenden Charakter der gesamten Regelung (§ 651 k);

innerhalb anderer Vertragstypen haben sich Untertypen mit einer solchen Schutzwirkung gebildet: Abzahlungskauf, Wohnungsmiete, Arbeitsvertrag;

eine bestimmte Technik des Vertragsschlusses, nämlich diejenige durch Verwendung vorformulierter Bedingungen, ist durch das AGBG mit

Rücksicht auf das organisatorische Übergewicht des Verwenders einschränkend geregelt worden;

das Wettbewerbsrecht will Einflüsse verhindern, die Marktmacht oder Unlauterkeit eines Partners auf Verträge ausüben können;

vereinzelt wirkt sogar Gewerberecht auf den Inhalt privatrechtlicher Verträge, etwa die Makler- und Bauträger-VO.

b) Daneben kann man unter dem Stichwort „soziales Kraftfeld" aber noch andere Erscheinungen mit direkterer Beziehung zu der Lehre vom Schuldverhältnis nennen. Dabei geht es um folgendes:

Regelmäßig betrachtet man ein Schuldverhältnis unabhängig von Umständen, die in der Person Dritter liegen, insbesondere unabhängig von anderen Schuldverhältnissen. Insofern bildet das einzelne Schuldverhältnis eine Art rechtlicher Mikrokosmos. Das ändert sich regelmäßig erst im Konkurs, weil dieser eine Art von Gesamtbetrachtung erzwingt, in die auch die übrigen Schuldverhältnisse des Gemeinschuldners einbezogen werden müssen. Außerhalb des Konkurses dagegen sind Ausnahmen von dieser isolierenden Betrachtung herkömmlicherweise selten. Genannt sei der Unterhaltsanspruch: Für ihn haben andere Schuldverhältnisse von Gläubiger und Schuldner insofern Bedeutung, als sie die Leistungsfähigkeit und die Bedürftigkeit bestimmen (§§ 1601 ff. BGB). Ein weiteres „konventionelles" Beispiel für die Abhängigkeit eines Schuldverhältnisses von anderen bietet die Vorratsschuld, wenn der Vorrat aus vom Schuldner nicht zu vertretenden Gründen nachträglich zur Befriedigung aller Gläubiger unzureichend wird[20]. In der Nähe steht schließlich noch die Berücksichtigung anderer Arbeitsverhältnisse bei der sozialen Rechtfertigung der arbeitsrechtlichen Kündigung; eine Parallele hierzu mag es auch bei der Kündigung von Wohnraum wegen Eigenbedarfs des Vermieters geben[21].

Hierzu tritt mit wachsender Bedeutung für vertraglich begründete Schuldverhältnisse eine Erscheinung, die man „Vertragsverbindung" nennen kann[22]: Bei der Beurteilung der Rechte und Pflichten aus einem Vertrag zwischen A und B wird wegen des Zweckzusammenhangs ein anderer Vertrag zwischen B und C berücksichtigt. Das einfache Muster hierfür bilden die fremdfinanzierten Abzahlungsgeschäfte: Der Rückzahlungsanspruch des Kreditgebers aus Darlehen wird weithin vom rechtlichen Schicksal des Kaufvertrages bestimmt, der durch den Kredit finan-

---

[20] Nachweise bei *Staudinger-Löwisch*, BGB (12. Aufl. 1979) § 279 Rdn. 13.
[21] Vgl. *Staudinger-Sonnenschein*, BGB (12. Aufl. 2. Bearb. 1981) § 564 b Rdn. 69.
[22] Vgl. *Gernhuber*, 1. Festschr. Larenz (1973) 455 ff.

ziert werden sollte. Diese Abhängigkeit zeigt sich etwa in dem sog. Einwendungsdurchgriff, der Einwendungen aus dem Kauf auch gegen das Darlehen wirken läßt.

Neben der schon seit geraumer Zeit bekannten Verbindung zweier Verträge hat jüngst *Möschel*[23] auf eine andere Verbindung hingewiesen, die sogar eine Vielzahl von Verträgen umfassen kann. Es handelt sich dabei primär um die Kette von Einzelverträgen, die den bargeldlosen Zahlungsverkehr kennzeichnet: Dabei treten ja neben die beiden Giroverträge des Überweisenden und des Überweisungsempfängers jeweils mit ihrer Bank die Verträge zwischen den – regelmäßig mehreren – beteiligten Banken. *Möschel* hat vorgeschlagen, alle diese Verträge als Einheit zu betrachten; er hat hierfür die Bezeichnung „Netzvertrag" zur Diskussion gestellt. Begründet hat er seine Anregung mit dem von allen Beteiligten gemeinsam verfolgten Zweck, der nur in dem gewählten Verbund zu erreichen sei; dieser füge die Glieder „zu einem wertungsmäßigen Ganzen" zusammen. *Möschel* hat die Vorteile einer einheitlichen Betrachtung demonstriert an Fragen der Haftung, der Schuldnereinwendungen und des Widerrufs. Zudem hat er eine ähnliche Betrachtung auch für weitere Verträge erwogen, etwa für Projektverträge mit einem Generalunternehmer und zahlreichen Subunternehmern.

c) Endlich habe ich noch eine letzte Erscheinung zu erwähnen, an die man im Zusammenhang mit dem „sozialen Kraftfeld" denken kann: nämlich die Lehre vom Fehlen oder Wegfall der Geschäftsgrundlage. Diese Lehre vergleicht die Vorstellungen, Erwartungen oder Voraussetzungen der Parteien mit der erheblich abweichenden Wirklichkeit; die Abweichungen soll dann Konsequenzen für das vertraglich begründete Schuldverhältnis haben. Im Ergebnis geht also auch hier der Blick über die Grenzen des Schuldverhältnisses (wie auch der Irrtumsregelung) hinaus; dieses wird gewissermaßen mit seinem „sozialen Kraftfeld" verbunden.

III. Stellungnahme

Bisher habe ich die Bemerkungen *Gernhubers* gleichsam paraphrasiert: Ich habe diejenigen Erscheinungen aufgeführt, in denen man möglicherweise eine Bestätigung dieser Bemerkungen sehen kann, nämlich Einbrüche in das herkömmliche Verständnis des Schuldverhältnisses.

---

[23] AcP 186 (1986) 187, 211 ff., vgl. jetzt *Hüffer*, ZHR 151 (1987) 93; *Schröter*, ebda. 118.

1. Schuldverhältnis oder Vertrag?

Das ist jetzt zunächst darauf zu überprüfen, ob sich die genannten Erscheinungen wirklich primär auf das Schuldverhältnis beziehen, oder ob sie nicht in erster Linie mit anderen Rechtsinstituten zusammenhängen. Diese Frage liegt vor allem deshalb nahe, weil bisher vielfach durch Vertrag begründete Schuldverhältnisse aufgetaucht sind: Vielleicht liegt der Schwerpunkt der Neuerungen daher gar nicht beim Schuldverhältnis, sondern bei Vertrag und Privatautonomie?

a) Ausgegangen sei von dem im BGB selbst geregelten echten Vertrag zugunsten Dritter. Diese Regelung steht zwar im Schuld- und nicht im Vertragsrecht. Aber das erklärt sich schon daraus, daß nur ein schuldrechtlicher (und nicht z. B. auch ein sachenrechtlicher) Vertrag zugunsten Dritter zugelassen werden sollte[24]. In diesem Rahmen aber handelt es sich um ein Problem der Privatautonomie: Ist es mit dieser vereinbar, daß jemand Forderungen aus einem Vertrag erwirbt, an dessen Abschluß er weder selbst noch durch einen Stellvertreter teilgenommen hat? Die Bejahung dieser Frage durch das BGB (mit der Korrektur durch das Zurückweisungsrecht aus § 333) paßt zu der Zulassung einer Leistung durch Dritte (§§ 267 f.) und der Schuldübernahme durch Vertrag zwischen Übernehmer und Gläubiger, also ohne Beteiligung des befreiten Schuldners (§ 414). Einen Einbruch in die herkömmliche Lehre vom Schuldverhältnis bedeutet das nicht.

b) Weitere Erscheinungen, deren Problematik beim Vertragsschluß liegt und nicht beim Schuldverhältnis, dürften die folgenden sein:

Erstens der Vertrag mit Schutzwirkung für Dritte, sofern man den Drittschutz durch Auslegung eines wirksamen Vertrages gewinnt;

zweitens die Ausbreitung von zwingendem Recht bei den sozial sensiblen Schuldverhältnissen wie der Wohnungsmiete: Zwingendes Recht bedeutet ja eine Einschränkung der Privatautonomie;

drittens die Durchsetzung von dispositivem Recht (§ 6 II AGBG) gegenüber abweichenden Allgemeinen Geschäftsbedingungen: Hier betrifft die Einschränkung eine bestimmte Art der Ausübung von Privatautonomie;

viertens die Ausnahme bestimmter Personen aus dem Schutz durch allgemein oder gegenüber Allgemeinen Geschäftsbedingungen zwingendem Recht, weil man diese Personen für minder schutzbedürftig hält;

fünftens alle Versuche, die Entstehung von „Ungleichgewichtslagen"

---

[24] Vgl. etwa *H. Westermann*, Sachenrecht (5. Aufl. 1966) § 3 II 4; *Soergel-Hadding* (o. Fn. 6) § 328 Rdn. 106 ff.

als Ursache für den Abschluß „ungerechter Verträge" zu hindern;
endlich sechstens die Lehre von Mängeln der Geschäftsgrundlage: Sie
paßt offenbar nur für auf Rechtsgeschäft beruhende Schuldverhältnisse.

c) Etwas ausführlicher eingehen muß ich noch auf die vorhin (oben II
3 b) mit den Stichwörtern „Einwendungsdurchgriff", „Vertragsverbindungen" oder „Netzverträge" bezeichneten Erscheinungen: Zwischen
Verträgen, an denen verschiedene Personen beteiligt sind, wird eine
rechtliche Verbindung hergestellt. Hinter diesen Erscheinungen verber-
gen sich zwei tatsächlich verschiedene Fallgruppen:

In der ersten entspricht die Vertragsverbindung entweder direkt dem
Parteiwillen, oder sie ist doch für dessen Durchsetzung nötig. Hierhin
möchte ich insbesondere die Netzverträge im Sinne *Möschels* rechnen:
Zwar weiß der Auftraggeber in den meisten Fällen gewiß nicht, wie der
bargeldlose Zahlungsverkehr banktechnisch abgewickelt wird. Aber er
kennt doch das Ziel und will, daß seine Bank mit professioneller Sach-
kunde das Nötige tun wird. Bei anderen an der Überweisungskette aktiv
Beteiligten kommt sogar noch das Wissen von der Überweisungstechnik
hinzu. Hier wird also bloß dem Parteiwillen Rechnung getragen, wenn
man bei der Auslegung aller Einzelverträge deren Abhängigkeit voneinan-
der und ihre Ausrichtung auf ein gemeinsames Ziel berücksichtigt. Insofern liegt hier der Schwerpunkt eindeutig in der Vertragslehre.

In der zweiten Fallgruppe dagegen widerspricht die rechtliche Verbindung mehrerer Verträge dem Vertragswillen mindestens eines Beteiligten.
Man denke etwa an den von einer Teilzahlungsbank finanzierten Abzahlungskauf: Hier will die Bank ihren Anspruch auf Darlehensrückzahlung
gewiß möglichst unabhängig von Störungen bei Abschluß oder Abwick-
lung des Kaufs halten, und das ist dem Kreditnehmer regelmäßig auch
erkennbar. Wenn man dennoch einen Einwendungsdurchgriff vom Kauf
auf das Darlehen erlaubt, kann man sich also nicht auf einen wirklichen
oder auch nur hypothetischen Parteiwillen stützen. Begründet werden
kann ein solcher Durchgriff vielmehr nur mit einer irgendwie gewonne-
nen, etwa aus § 242 BGB oder aus § 6 AbzG abgeleiteten Rechtsnorm, die
sich gegen den Parteiwillen durchsetzt. Im Ergebnis geht es also um eine
Einschränkung der Privatautonomie. Doch liegt damit der Schwerpunkt
der Problematik auch hier wieder im Vertragsrecht.

Daß das in solche Vertragsverbindungen verstrickte Schuldverhältnis
nicht mehr als der auf einen Gläubiger und einen Schuldner beschränkte
Mikrokosmos erscheint, den § 241 BGB beschreibt, beruht also auf der
rechtsgeschäftlichen Herkunft dieser Schuldverhältnisse. Eine ähnliche
Verbindung könnte von den Parteien auch in anderen Fällen durch die

Einfügung entsprechender Bedingungen hergestellt werden. Damit bleibt der Einfluß auf das Schuldverhältnis zumindest qualitativ in den hergebrachten Grenzen.

2. Besonderheiten bei Schutzpflichten?

Nicht in vergleichbarer Weise bei der Privatautonomie einordnen läßt sich dagegen die Problematik des Verschuldens bei Vertragsverhandlungen: Dieses setzt ja gerade keinen wirksamen, der Auslegung zugänglichen Vertrag voraus. Entsprechendes gilt für die Entstehung von Schutzwirkungen – sei es für einen Beteiligten, sei es für einen Dritten –, wenn man diese auch bei unwirksamen Verträgen bejaht. Die Verwandtschaft aller dieser Pflichten untereinander sowie mit bestimmten, gleich noch näher zu beschreibenden Pflichten bei der Ausführung wirksamer Verträge wird besonders deutlich, wenn man sie alle mit *Canaris*[25] zu einem gesetzlichen Begleitschuldverhältnis zusammenfaßt: Dieses entsteht dann mit dem Eintritt in Vertragsverhandlungen, dauert während der Ausführung des Vertrages fort und endet erst, wenn die Beteiligten wieder auseinandergegangen sind.

a) Die hiermit erfaßten Pflichten haben zwei wesentliche Eigenarten:
aa) Erstens handelt es sich um Schutzpflichten. Diese sollen nicht wie die Leistungspflichten eine Veränderung der Güterlage herbeiführen, sondern im Gegenteil eine dem Gläubiger ungünstige Veränderung der Güterlage verhindern. Anders gesagt: Sie dienen dem Interesse des Gläubigers daran, daß nicht seine schon vorhandenen Güter durch den Kontakt mit dem Schuldner beeinträchtigt werden. Geschützt ist also das sog. Erhaltungsinteresse.

Aus diesem Schutzzweck ergeben sich Folgerungen insbesondere im Recht der Leistungsstörungen. Vor allem passen die Kategorien der Unmöglichkeit und des Schuldnerverzugs überwiegend nicht. So sind etwa die dem Erhaltungsinteresse dienenden Mitteilungspflichten – z. B. gerichtet auf Warnung vor den Nebenwirkungen eines Medikaments – spontan zu erfüllen. Daher kann eine Schadensersatzpflicht wegen verzögerter Erfüllung nicht erst gemäß §§ 284 I, 286 I BGB nach Mahnung eintreten. Deshalb wird die Verletzung von Schutzpflichten allgemein als positive Forderungsverletzung behandelt; so schaltet man – sachlich richtig – das Mahnungserfordernis aus.

---

[25] Erstmals in JZ 1965, 475 ff., vgl. auch MünchKomm-*Kramer* (o. Fn. 10) vor § 241 Rdn. 72 ff.: „Lehre vom gesetzlichen Schuldverhältnis".

bb) Zweitens ist die Einordnung der Schutzpflichten hinsichtlich ihrer Entstehung zweifelhaft. Diese setzt ja vielfach keinen wirksamen Vertrag und nicht einmal eine einseitige Willenserklärung voraus; das zeigt sich besonders deutlich beim Verschulden bei Vertragsverhandlungen. Es kann sich also nur um gesetzlich begründete Pflichten handeln. Die nähere Einordnung ist dann jedoch umstritten: Vor allem von Rechtsvergleichern[26] werden die Schutzpflichten gern den deliktischen Verkehrssicherungspflichten an die Seite gestellt; ihre Existenz soll im wesentlichen auf Schwächen des Deliktsrechts zurückgehen (insbesondere bei der Gehilfenhaftung und bei der Behandlung primärer Vermögensverletzungen). Dagegen will eine vor allem von *Canaris*[27] verfochtene Ansicht die Schutzpflichten auf eine Vertrauenshaftung zurückführen; diese soll eine „dritte Spur" zwischen der Vertrags- und der Deliktshaftung bilden.

Nach meinem Urteil ist diese Entwicklung der Schutzpflichten, die im BGB selbst nur in der singulären Vorschrift des § 618 vorkommen[28], eine der wichtigsten neuen Erkenntnisse im Schuldrecht überhaupt. Dabei wird man zugeben müssen, daß die Schutzpflichten zu der Definition des Schuldverhältnisses in § 241 BGB nicht passen. Denn diese Vorschrift legt das Gewicht auf das Recht des Gläubigers, vom Schuldner die Leistung zu verlangen. Freilich mag auch die Gewährung von Schutz – etwa durch die Gefahrlosigkeit eines Ladengeschäfts oder durch Warnung vor Gefahren aus der gekauften Ware – noch als „Leistung" bezeichnet werden. Aber bei den Schutzpflichten spielt der Erfüllungsanspruch – mag er nun rechtlich gegeben sein oder nicht[29] – praktisch keine Rolle: Niemand verlangt auch nur außergerichtlich die Beseitigung rutschiger Kohlblätter, den sorgsamen Umgang mit Linoleumrollen oder die Warnung vor Gefahren; Klagen mit solchen Begehren kommen vollends nicht vor. Vielmehr dominiert hier der auf die zu vertretende Pflichtverletzung gestützte Schadensersatzanspruch.

Insoweit hat *Gernhuber* daher recht: Die „Skelettierung des Schuldverhältnisses bis auf die Leistungspflichten" ist durch die Schutzpflichten überholt. In einem gewissen Sinn bewährt sich freilich auch insoweit wieder die auf den Generalklauseln beruhende Offenheit des BGB gegenüber Neuerungen. Denn immerhin schafft § 242 für die Art und Weise der

---

[26] Vgl. *Canaris*, 2. Festschr. Larenz (1983) 27, 85 mit Nachweisen.

[27] Zuletzt aaO. 27, 84 ff.

[28] *Palandt-Heinrichs* (o. Fn. 10) nennen außerdem noch die §§ 536, 701. Aber § 536 regelt eine (Haupt)Leistungspflicht des Vermieters. Und § 701 bildet insofern einen Sonderfall, als es sich dort um ein gesetzliches Schuldverhältnis mit dem einzigen Inhalt der Obhutspflicht handelt.

[29] Vgl. o. bei Fn. 18.

Leistung einen Spielraum. Damit kann man wenigstens die leistungsbegleitenden Schutzpflichten erfassen. Nicht unter den Wortlaut des § 242 bringen lassen sich allerdings die wichtigen Fallgruppen, bei denen – wie beim Verschulden bei Vertragsverhandlungen – Schutzpflichten ohne Leistungspflichten bestehen.

b) Schutzpflichten zeigen schließlich noch eine weitere Besonderheit, die sich weder mit § 241 noch mit § 242 BGB verträgt. Beide Vorschriften gehen ja von einer Polarität zwischen Gläubiger und Schuldner aus. Das trifft zwar für Schuldverhältnisse im weiteren Sinn – etwa für den Kauf – nicht in dem Sinne zu, daß ein Beteiligter nur entweder Gläubiger oder Schuldner sein könnte. Vielmehr gibt es bei zweiseitig verpflichtenden und insbesondere bei gegenseitigen Verträgen wechselseitig Verpflichtungen. Aber in Bezug auf eine bestimmte Pflicht liegt von vornherein fest, wer Gläubiger ist und wer Schuldner. So kann allemal nur der Verkäufer die Preiszahlung und nur der Käufer die Lieferung des Kaufgegenstandes verlangen.

Das verhält sich bei Schutzpflichten anders. Denn erstens braucht dort die „Polarität" nicht mit derjenigen der Leistungspflichten übereinzustimmen: Auch wer einseitig – z.B. aus Delikt – Geld schuldet, kann gleichwohl Gläubiger von Schutzpflichten sein. So kann er etwa Schadensersatz verlangen, wenn er das geschuldete Geld zum Gläubiger bringt und dort auf dessen schadhafter Treppe zu Fall kommt. Und zweitens liegt bei Schutzpflichten die Polarität im Sinne einer Verteilung der Gläubiger- und der Schuldnerrolle nicht notwendig von vornherein fest. Das gilt etwa für die gerade erwähnte Pflicht, die eigene Sphäre derart frei von Gefahren zu halten, daß der andere Teil dadurch nicht verletzt wird. Diese Pflicht trifft jeweils denjenigen, der den anderen zu sich kommen läßt, gleich ob das der Käufer oder der Verkäufer ist oder – im Stadium der Vertragsverhandlungen – werden soll. Man kann das auch so formulieren: Die Entstehung von Schutzpflichten ist situationsgebunden; erst aus der konkreten Situation ergibt sich nicht nur die Pflicht selbst, sondern auch die Zuweisung der Gläubiger- und der Schuldnerrolle.

c) Insgesamt hat daher die neue Lehre von den Schutzpflichten erhebliche Unsicherheit in das Schuldrecht gebracht. Das ist auch nicht verwunderlich. Denn über die Leistungspflichten etwa des Verkäufers ist mehr als zweitausend Jahre lang nachgedacht worden, bis man die jetzt mögliche Klarheit erlangt hat; auch die Konkretisierung der Schutzpflichten wird – soweit sie überhaupt möglich ist – daher erhebliche Zeit brauchen.

IV. Zwischenergebnis

Es ist an der Zeit, aus dem bisher Gesagten kurz vorläufige Folgerungen zu ziehen.

Meine Ansicht zu den eingangs zitierten Worten *Gernhubers* ergibt sich weithin schon aus dem Gesagten: Zwar lassen sich zu allen von *Gernhuber* angesprochenen Punkten zahlreiche Belege anführen. Aber die von ihm angenommenen Einflüsse auf die Lehre vom Schuldverhältnis gehen doch zum größeren Teil auf Änderungen im Vertragsrecht zurück. Hier vor allem auch wirkt das „soziale Kraftfeld". Daher geben diese Änderungen keinen Anlaß, die in § 241 S. 1 BGB festgelegte traditionelle Auffassung vom Schuldverhältnis im allgemeinen aufzugeben oder wesentlich umzugestalten.

Abweichendes gilt jedoch für die Lehre von den Schutzpflichten. Denn diese lassen sich wenigstens zum Teil nicht auf Verträge zurückführen; sie gehören daher wirklich in den ganz allgemeinen Teil des Schuldrechts[30]. Zwar sind sie gegenüber dem BGB nicht völlig neu. Aber sie sind doch von der geltenden gesetzlichen Regelung nicht erfaßt worden, so daß diese nicht ohne weiteres auf sie paßt.

V. Künftige Aufgaben

Es bleibt die Frage nach den künftig zu lösenden Aufgaben.

1. Möglichkeiten des Gesetzgebers

Hiermit meine ich wenigstens nicht in erster Linie Aufgaben des Gesetzgebers. Denn ehe man Gesetze macht, muß man wissen, was diese enthalten sollen. Das läßt sich aber nach meiner Ansicht für die Schutzpflichten derzeit nicht angeben; die folgenden Ausführungen werden das belegen. Daher wird die notwendige Klärung zunächst durch Rechtsprechung und Rechtswissenschaft erfolgen müssen.

Aufgabe des Gesetzgebers kann es einstweilen nur sein, die inzwischen zum gesicherten Instrumentarium von Praxis und Wissenschaft gehörenden Schutzpflichten nicht einfach zu übergehen. So halte ich das Bemühen für sinnvoll, im Recht der Leistungsstörungen Kategorien zu entwickeln, die auch für Schutzpflichten passen. Dazu könnte sich der Oberbegriff der „Pflichtverletzung" eignen[31]. Auch wird man beim Schuldnerverzug

---

[30] Abgesehen davon, daß Schutzpflichten sogar auch außerhalb des Schuldrechts vorkommen können, etwa im Familienrecht. Vgl. dazu *Jürgen Schmidt*, Gedächtnisschr. Schultz (1987) 341, 342; 348 f.

[31] Vorgeschlagen etwa von *Diederichsen*, AcP 182 (1982) 101, 118 f.

eine Sonderregelung für die spontan zu erfüllenden Schutzpflichten vor-
zusehen haben: Diese müssen von dem Erfordernis einer Mahnung oder
Terminvereinbarung ausgenommen werden. Aber die Vorfragen nach der
Entstehung und dem Inhalt der Schutzpflichten wird der Gesetzgeber
derzeit allenfalls in groben Ansätzen lösen können. Damit werden sich
also zuvor Rechtsprechung und Rechtswissenschaft befassen müssen.

2. Aufgaben außerhalb der Gesetzgebung

a) Für dasjenige, was außerhalb der Gesetzgebung zu tun ist, möchte
ich zunächst auf den schon vorhin[32] erwähnten Gedanken eingehen, die
Schutzpflichten als Verkehrssicherungspflichten ins Deliktsrecht zu verla-
gern. Dafür spricht vor allem, daß die Wahrung der schon vorhandenen
Güter – also die Sicherung des Erhaltungsinteresses – üblicherweise
Aufgabe des Deliktsrecht ist[33]. Dagegen spricht aber neben der gesetzlichen Einordnung des § 618 BGB ins Vertragsrecht vor allem folgendes:
Die Schutzpflichten sind außerhalb des Deliktsrechts im wesentlichen
deshalb entwickelt worden, weil dort die Regelungen der Gehilfenhaftung
und der Haftung für primäre Vermögensverletzungen als unzulänglich
erscheinen. Vor einer Reform dieser Punkte kann daher das Deliktsrecht
die Schutzpflichten nicht aufnehmen.

Für die Gehilfenhaftung mag eine solche Reform in absehbarer Zeit –
wenn auch nicht schon in der ersten Phase der Überarbeitung des
Schuldrechts – erfolgen: Immerhin hat es bereits 1958 und 1967 Referen-
tenentwürfe für eine Änderung des § 831 BGB gegeben[34], und auch *von
Bar*[35] hat jetzt einen solchen Vorschlag gemacht. Danach soll § 831 zu
einer Haftung für fremde widerrechtliche und schuldhafte Verletzungs-
handlungen werden. *Canaris*[36] hat zwar darauf hingewiesen, damit werde
im Gegensatz zu § 278 BGB keine Verantwortlichkeit für einen vom
Schuldner eingeschalteten fremden Unternehmer begründet. Doch kann
man zweifeln, ob es einer solchen Verantwortlichkeit wirklich bedarf:
Wenn die verletzte Pflicht deliktisch erfaßt wird und folglich nicht auf
eine Sonderverbindung beschränkt ist, haftete ja – anders als bei § 278
BGB – schon der eingeschaltete Unternehmer selbst. Auch kann der

---

[32] Oben III 2 a bb.
[33] Allerdings nicht ohne Ausnahme: Auch eine vertragliche Leistungspflicht
kann dem Erhaltungsinteresse dienen, etwa bei einem Bewachungsvertrag. Die
Leistung besteht dann in einer Verstärkung des Schutzes. Ich hoffe, auf diesen
Punkt bald bei anderer Gelegenheit zurückkommen zu können.
[34] Dazu *Staudinger-Schäfer*, BGB (12. Aufl. 1986) § 831 Rdn. 252 ff.
[35] Gutachten und Vorschläge (o. Fn. 11) II 1681, 1716 ff.; 1762; 1776 f.
[36] 2. Festschr. Larenz (1983) 27, 87.

Einschaltende ausnahmsweise noch aus der Verletzung einer eigenen Überwachungspflicht haften.

Dagegen glaube ich nicht an eine einigermaßen nahe Reform des Deliktsrechts hinsichtlich der primären Vermögensverletzungen. Denn daß man das Vermögen nicht einfach den in § 823 I BGB genannten Rechtsgütern und Rechten gleichstellen darf, scheint mir gewiß. Es kann sich also nur darum handeln, das Vermögen gegen bestimmte Arten der Verletzung zu schützen. Ein solcher Schutz wäre am ehesten über den Absatz 2 des § 823 BGB zu bewirken und nicht über den Absatz 1. Dafür aber bräuchte man neue Schutzgesetze, die sich derzeit ebensowenig formulieren lassen wie eine gesetzliche Beschreibung der Schutzpflichten.

Mit Deliktsrecht läßt sich die Problematik auf absehbare Zeit also nicht lösen.

b) Wenn folglich die Schutzpflichten außerhalb des Deliktsrechts bleiben, können sie keine für jedermann bestehenden Pflichten sein. Vielmehr hängt ihre Existenz von einer besonderen Beziehung zwischen den Beteiligten ab; man spricht üblicherweise von einer Sonderverbindung.

Eine solche Sonderverbindung besteht gewiß, wo eine Leistungspflicht im Sinne des § 241 BGB vorliegt. Aber damit lassen sich die Fälle der „vertragslosen" – genauer: der unabhängig von Leistungspflichten bestehenden – Schutzpflichten nicht erfassen. Die Sonderverbindung muß also weiter reichen als das durch Leistungspflichten bestimmte Schuldverhältnis. Damit stellt sich die Frage nach dem für die Annahme einer Sonderverbindung maßgeblichen Kriterium.

aa) Ansprüche aus Verschulden bei Vertragsverhandlungen werden vom BGH gewöhnlich wie folgt begründet: Sie beruhten auf dem besonderen Vertrauen desjenigen, der seine Rechtsgüter zum Zwecke von Vertragsverhandlungen den Gefahren aus dem Einflußbereich des anderen Teils aussetze, und aus den daraus für diesen nach Treu und Glauben erwachsenden Verhaltenspflichten; der Anspruch gründe sich demnach auf enttäuschtes Vertrauen[37]. Dieser Gedanke des Vertrauensschutzes, der übrigens schon beim RG angeklungen war[38], ist in der Literatur etwa von *Ballerstedt*[39] herausgearbeitet worden; er entspricht heute der h. M.[40].

bb) Doch erweist sich die Aussagekraft der genannten Formulierung bei näherem Hinsehen als zweifelhaft.

---

[37] Etwa BGHZ 60, 221, 223 f.; 71, 386, 393.
[38] Etwa RGZ 120, 249, 251.
[39] AcP 151 (1950/51) 501, 506.
[40] Vgl. o. Fn. 37, dazu etwa noch *Staudinger-Löwisch* (o. Fn. 20) vor § 275 Rdn. 38; *Soergel-Wiedemann* (o. Fn. 6) vor § 275 Rdn. 51; 55; 57 ff. (mit Recht kritisch); *Palandt-Heinrichs* (o. Fn. 10) § 276 Anm. 6 A a.

Zunächst sollte gewiß sein, daß das Vertrauen allein für die Anspruchs-
begründung nicht genügen kann. Denn dieses begegnet auch in Situationen, in denen eine Sonderverbindung verneint und daher die Haftung
allein auf Deliktsrecht gegründet wird: Wer etwa als Spaziergänger an
einem fremden Haus vorbeigeht, tut das im Vertrauen darauf, dieses sei
baulich in Ordnung, so daß z. B. keine Gefahr durch herabfallende
Dachziegel drohe; trotzdem haftet hier der für das Haus Verantwortliche
nur nach den §§ 836 ff. BGB. Noch deutlicher wird das Vertrauen in dem
von *Picker*[41] angeführten Fall, daß jemand bei grünem Ampellicht in eine
Kreuzung einfährt: Auch hier haftet ein querender Rotlichtfahrer zweifel-
los nur aus Delikt, obwohl er gewiß Vertrauen enttäuscht hat.

Wohl mit Rücksicht auf solche Überlegungen wird denn auch für eine
Sonderverbindung regelmäßig ein „besonderes" Vertrauen verlangt. Aber
das Vertrauen eines Warenhausbesuchers in die Gefahrlosigkeit des Fuß-
bodens dürfte von dem Vertrauen des Spaziergängers oder des Grünlichtfahrers kaum als „besonderes" zu unterscheiden sein. Vor allem kann man
die Besonderheiten des Vertrauens schwerlich mit einer besonderen
Gefährlichkeit von Warenhäusern begründen: Zumindest im Winter sind
Eis und Schnee auf der Straße gefährlicher als das Kohlblatt im Waren-
haus; Rotlichtfahrer vollends verursachen ein Vielfaches an Gefahren.

Aber auch in anderen Situationen bildet das „besondere Vertrauen"
kein überzeugendes Kriterium. Ich nenne nur aus dem Bereich des
Verschuldens bei Vertragsverhandlungen die praktisch wichtige Fallgruppe der Haftung von „Initiatoren, Gründern und Gestaltern"[42] einer
Publikumsgesellschaft gegenüber den enttäuschten Anlegern: Wohl jeder
Anleger rechnet damit, daß es in dieser Branche nicht wenige schwarze
Schafe gibt. Seine Haltung ist also eher von Mißtrauen als von Vertrauen
geprägt; vollends von einem „besonderen" Vertrauen wird man allenfalls
dann sprechen können, wenn er dem Rat eines Bekannten gefolgt ist. In
den übrigen Fällen dagegen ist das Vertrauen nicht mehr als ein notwendi-
ges Element des haftungsbegründenden Kausalzusammenhangs[43]: Einen
Vertrauensschaden kann eben nur erleiden, wer irgendwie vertraut hat.

Als unzulänglich erweist sich das Vertrauenskriterium auch bei Fällen
aus dem Bereich der vertraglichen Schutzwirkung für Dritte: Die Kinder
des Mieters erfüllt schwerlich ein besonderes Vertrauen in die Gefahrlosigkeit des Miethauses; vielmehr bleibt ihnen gar nichts anderes übrig, als
bei ihren Eltern zu leben.

---

[41] AcP 183 (1983) 369, 422.
[42] So BGHZ 83, 222, 223. *Von Bar*, ZGR 1983, 476 spricht in solchen Fällen
treffend von einer „Vertrauenshaftung ohne Vertrauen".
[43] Ebenso *Picker* (o. Fn. 41) 427.

cc) Das Vertrauenskriterium muß also durch andere Gesichtspunkte
ergänzt oder sogar ersetzt werden, damit man eine Sonderverbindung
überzeugend begründen kann. Prüfen wir daraufhin die eben erwähnten
Beispiele:

Was den Fall des Spaziergängers oder denjenigen des Grünlichtfahrers
einerseits von demjenigen des Warenhauskunden andererseits unterschei-
det, ist das geschäftliche Interesse des Warenhausinhabers: Dieses könnte
es rechtfertigen, den Inhaber strenger in die Pflicht zu nehmen als einen
Verletzer ohne ein solches Interesse.

Für den Fall der Anlage-Publikumsgesellschaft hat schon der BGH von
der Vorstellung eines persönlichen Vertrauens Abschied genommen. Vielmehr läßt er im Rahmen der Prospekthaftung ein Vertrauen genügen,

> „das sich aus einer Garantenstellung herleitet, die kraft Amtes oder Berufes
> entsteht oder auf einer besonderen Fachkunde oder einer allgemein anerkannten
> und hervorgehobenen wirtschaftlichen Stellung beruht"[44].

Der Garant brauche, so fährt der BGH fort, auch weder aus dem
Prospekt ersichtlich noch dem Beitretenden sonst bekannt geworden zu
sein; es genüge seine Verantwortlichkeit „für die Geschicke der Gesellschaft und damit für die Herausgabe des Prospekts". Man wende gegen
die Heranziehung dieser Entscheidung nicht ein, der BGH habe hier
gerade die Prospekthaftung von der gewöhnlichen Haftung aus Verschulden bei Vertragsverhandlungen unterschieden (und hinsichtlich der Verjährung abweichend behandelt[45]): Mir geht es ja nur um die Voraussetzungen einer Schutzpflichten erzeugenden Sonderverbindung, und eine solche liegt auch der Prospekthaftung zugrunde.

Im klassischen Anwendungsbereich des Vertrags mit Schutzwirkung
für Dritte endlich – also etwa bei den Angehörigen des Mieters – beruht
der besondere Schutz auf dem Schutzinteresse des Gläubigers: Der Mieter
will eben – dem Vermieter erkennbar – durch den Mietvertrag nicht nur
sich selbst geschützt sehen, sondern auch seine Angehörigen. In solchen
Fällen hat die Formel von der „Verantwortlichkeit für Wohl und Wehe"
also ihren guten Sinn[46].

dd) Man kann jetzt versuchen, die eben reklamierten nötigen Ergän-
zungen des Vertrauenskriteriums auf einen gemeinsamen Nenner zu
bringen. Dafür mag sich auf den ersten Blick der Gesichtspunkt des
geschäftlichen Interesses anbieten: Dieser war ja in dem Warenhausfall

---

[44] BGHZ 83, 222, 224.
[45] Dagegen letztens kritisch *von Morgen*, NJW 1987, 474, gegen ihn wieder
Schießl, NJW 1987, 1684.
[46] Vgl. o. bei Fn. 4.

deutlich hervorgetreten. Bei den für eine Anlage-Publikumsgesellschaft Verantwortlichen wird ein solches Interesse gleichfalls kaum jemals fehlen. Schließlich ist es auch bei dem Vermieter wegen der Entgeltlichkeit seines Handelns gegeben.

Trotzdem dürfte das geschäftliche Interesse nicht bei allen denkbaren Fallgruppen als Kriterium für die Annahme von Schutzpflichten taugen[47]. Denn man kann schon zweifeln, ob nicht auch die Angehörigen des Entleihers einer Wohnung in den Schutzbereich des Leihvertrages gehören. Deutlich als falsch erweist sich das Kriterium des geschäftlichen Interesses aber durch die folgende Überlegung: Unzweifelhaft können Schutzpflichten auch gegenüber dem durch ein unentgeltliches Geschäft begünstigten Vertragspartner bestehen, also etwa gegenüber dem Beschenkten oder dem Entleiher. Denn in solchen Fällen wird nur darüber gestritten, ob und inwieweit eine für die Leistungspflichten geltende Haftungsmilderung auch die Schutzpflichten erfaßt. Freilich ergibt sich hier die Sonderverbindung schon aus den Leistungspflichten. Aber daß sie auch Schutzpflichten umfaßt, macht doch deutlich, daß deren Entstehung nicht an ein Handeln im geschäftlichen Interesse gebunden sein kann. Folglich darf auch eine auf Schutzpflichten beschränkte Sonderverbindung nicht ein solches Interesse erfordern.

ee) Als Ergebnis bleibt mir daher nur das Eingeständnis dogmatischer Verlegenheit: Ich sehe für die Gesichtspunkte, durch die das Vertrauenskriterium zu ergänzen oder zu ersetzen ist, keine brauchbare einheitliche Formulierung[48]. Folglich sehe ich auch keine für alle Fallgruppen passende Formel für die Voraussetzungen einer Sonderverbindung. Damit scheitert zugleich die Angabe eines einigermaßen bestimmten einheitlichen Prinzips, auf das die Entstehung sämtlicher Sonderverbindungen zurückge-

---

[47] Kritisch etwa auch letztens *Soergel-Wiedemann* (o. Fn. 6) vor § 275 Rdn. 54; 57, bejahend aber *Staudinger-Löwisch* (o. Fn. 20) vor § 275 Rdn. 42 f., weitere Angaben bei *Jürgen Schmidt* (o. Fn. 30) 341, 361 Fn. 56.

[48] Ähnlich *Jürgen Schmidt* aaO. 370 Fn. 84. Außer den schon behandelten Formulierungen „Vertrauen" und „geschäftlicher Kontakt" kann ich auch die folgenden Gesichtspunkte nicht hinreichend deutlich finden: „Aufgeben der abwehrbereiten Isolation" (ausführlich *Marina Frost*, „Vorvertragliche" und „vertragliche" Schutzpflichten, 1971, dazu *Medicus*, JuS 1986, 665, 668 f.); Bindung aus der kommunikativen Selbstdarstellung (*Köndgen*, Selbstbindung ohne Vertrag, 1981); „sozialer Kontakt" (*Dölle*, ZStW 103, 1943, 67 ff.); einseitiges Leistungsversprechen (*Stoll*, Festschr. Flume I, 1978, 741 ff.). Auch die Formulierung als „rechtlich geregelte Sozialbeziehung" bei *Jürgen Schmidt* aaO. 364 soll ersichtlich nicht subsumtionsfähig sein; *Schmidt* 341 zweifelt (wohl mit Recht) sogar, ob es einen für alle Anwendungsfälle gleichen Begriff der Sonderverbindung geben kann. Vgl. neuestens noch *Paschke*, Außervertragliche Sozialbeziehungen, AcP 187 (1987) 61 ff.

führt werden könnte. Letzlich komme ich also über die jahrtausendealte Unbestimmtheit der bona fides oder von Treu und Glauben kaum hinaus.

ff) Hieran ändert sich übrigens auch dann nichts, wenn man dem neuen Konzept des Haftungsrechts folgt, das *Picker* 1983 in Stuttgart eindrucksvoll vorgetragen hat[49]. Nach diesem Konzept soll die Pflicht zur Ersatzleistung für Integritätsverletzungen keine besonders zu begründende Ausnahme darstellen, sondern die aus dem Prinzip des *neminem laedere* folgende Regel. Das Deliktsrecht mache hiervon durch die Beschränkung auf bestimmte Schutzgüter nur deshalb eine wohlbegründete Ausnahme, weil es die Gefahr einer Potenzierung der Gläubigerzahl vermeiden wolle. Diese Gefahr fehle aber in einer Sonderverbindung, weil dort der Gläubiger ohnehin feststehe; daher sei hier eine allgemeine Ersatzpflicht auch bei bloßen Vermögensverletzungen unbedenklich.

Zwei mögliche Einwände gegen dieses Konzept seien hier nur angedeutet: Erstens zeigt die unter Umständen weitreichende vertragliche Schutzwirkung für Dritte, daß auch für Sonderverbindungen die Beteiligten keineswegs festzustehen brauchen[50]. Und zweitens gibt *Picker* keinen Anhalt für die praktisch überaus wichtige Feststellung des Inhalts der Pflichten aus einer Sonderverbindung. *Picker* fordert demgegenüber sogar den Verzicht auf „jede Fiktion von Neben- und Schutzpflichten"[51]. Doch kann ich dem keinesfalls folgen: Nach meiner Ansicht gehört es zu den Aufgaben der Rechtsordnung, diejenigen Pflichten zu konkretisieren, deren Beachtung sie verlangt. Auch den an einer Sonderverbindung Beteiligten muß so die Möglichkeit zu pflichtgerechtem Verhalten gegeben werden. Etwa muß demjenigen, der den Abschluß eines Termingeschäfts betreibt, gesagt werden können, ob und inwieweit er den anderen Teil über die Höhe der Optionsprämie aufzuklären hat[52].

Doch brauchen diese Einwände hier nicht vertieft zu werden. Denn *Picker* selbst hat die für sein Konzept sogar besonders wichtige „weitere Aufdeckung und Präzisierung" von Sonderverbindungen noch als künftige Aufgabe bezeichnet[53]. Zur Lösung hat er bisher erst wenige Andeutungen gemacht: Er hat von einer „Individualität und Vereinzelung der Beziehung" gesprochen[54]. Diese soll eine „bewußte und gezielte Adressierung an den anderen Partner" voraussetzen mit der „ernstgemeinten

---

[49] AcP 183 (1983) 369, 460 ff. (mit Diskussionsbericht *Schilken* S. 521).
[50] Vgl. insbesondere o. bei Fn. 12 ff. zur Erweiterung des für Verschulden bei Vertragsverhandlungen haftenden Personenkreises.
[51] AaO. (o. Fn. 49) 507.
[52] Dazu letztens etwa BGH NJW 1987, 641 mit weiteren Angaben.
[53] AaO. (o. Fn. 49) 490.
[54] Wie o. Fn. 53.

Aufforderung, die angebotene Leistung dem eigenen Vermögen zu inkor-
porieren und sie etwa zur Grundlage der eigenen Dispositionen zu
machen". Schließlich müsse sich die Aufforderung richten „an bestimmte
Personen oder aber zwar *ad incertas personas,* dann aber doch an einen
abstrakt begrenzten Kreis"[55]. Diese Formulierungen sind noch höchst
unbestimmt. Zudem denkt *Picker* bei ihnen wohl bloß an gewisse Fälle
des Verschuldens bei Vertragsverhandlungen. Dagegen paßt die Beschreibung für die vertragliche Drittschutzwirkung, aber auch für die Verletzung von Körper oder Eigentum bei Vertragsverhandlungen ersichtlich
nicht. Eine einheitliche oder gar für den Gesetzgeber verwendbare Formel
fehlt also auch bei *Picker.*

3. Zusammenfassung

Damit komme ich zum Schluß; ich darf noch einmal zusammenfassen,
wie ich die derzeitige Situation sehe:

a) Zum Verzicht auf das Schuldverhältnis als zentrale Figur des
2. Buches des BGB wie auch des juristischen Denkens überhaupt[56] besteht
kein Anlaß. Nur muß man sich vergegenwärtigen, daß die für das
Schuldverhältnis charakteristische Beschränkung auf das Verhältnis zwischen zwei Personen bei vertraglicher Entstehung nicht selten überwun-
den wird. Diese Überwindung beruht teils auf dem Parteiwillen und teils
auf Schutzerwägungen. Beispiele für das erste sind die Netzverträge
Möschels; das zweite findet sich etwa beim fremdfinanzierten Abzah-
lungsgeschäft. Zudem werden vertragliche Schuldverhältnisse durch die
Lehre von der Geschäftsgrundlage mit der Wirklichkeit verbunden.

Man kann übrigens an noch weitere Verknüpfungen zwischen mehre-
ren Schuldverhältnissen denken. Ein Beispiel mag sich aus der prekären
Lage des Bauhandwerkers ergeben, der von einem Dritten gekauftes
Material einbaut: Wenn sich ein Mangel dieses Materials erst nach dem
Einbau zeigt, wird die kaufrechtliche Verjährung für Ansprüche des
Handwerkers (§ 477 I BGB) häufig schon abgelaufen sein, wenn die
werkvertragliche (§ 638 I BGB) der gegen ihn gerichteten Ansprüche noch

---

[55] Alles aaO. (o. Fn. 49) 493.
[56] Auch das öffentliche Recht interessiert sich zunehmend für die Denkform des
Schuldverhältnisses: Dieses ist nämlich in erster Linie mit dem „Rechtsverhältnis"
gemeint, dessen Brauchbarkeit für die Leistungsverwaltung den Gegenstand der
neueren, im Zusammenhang mit der letzten Tagung der Staatsrechtslehrervereini-
gung erschienenen Aufsätze bildet: *Schnapp,* DÖV 1986, 811; *Ehlers,* DVBl. 1986,
912; *Hill,* NJW 1986, 2602. Vgl. auch den Diskussionsbericht von *Kunig,* JZ 1987,
28, 31 ff. und schon früher *Papier,* Die Forderungsverletzung im öffentlichen Recht
(1969).

läuft. Hier kann man erwägen, die erstgenannte Verjährung der zweitge-
nannten anzupassen[57].

Gegen alle solchen Verknüpfungen mehrerer Schuldverhältnisse spricht
freilich, daß damit die Ermittlung der Rechtslage und insbesondere die
prozessuale Situation immer schwieriger wird: Im Prozeß zwischen A
und B kommt es nun auch auf ein Rechtsverhältnis zwischen B und C an;
die Unzulässigkeit einer *exceptio ex iure tertii* ist insoweit aufgehoben.

b) Wichtiger für das Schuldverhältnis ist jedoch die Problematik der
Schutzpflichten. Diese lassen sich auf absehbare Zeit nicht ins Deliktsrecht abschieben und müssen daher vom Recht der Sonderverbindung
erfaßt werden. Derzeit bereitet das erhebliche Schwierigkeiten. Von der
zur Zeit laufenden ersten Phase der Überarbeitung des Schuldrechts kann
man zwar erwarten, daß die Schutzpflichten im Recht der Leistungsstörungen berücksichtigt werden. Dazu mag auch eine Erwähnung in einem
neugefaßten § 241 BGB gehören[58]. Dagegen darf man auf absehbare Zeit
nicht mit einer Regelung für die Entstehungsvoraussetzungen und den
Inhalt der Schutzpflichten rechnen. Hierfür braucht der Gesetzgeber
noch wesentliche Vorarbeiten. Diese sind aber im Interesse der Rechtssi-
cherheit selbst dann nötig, wenn es nicht zu einer gesetzlichen Neurege-
lung kommen sollte: Einerseits muß das „selbst geschaffene Pflichtener-
findungsrecht der Gerichte"[59] Ziel und Schranken finden; andererseits
sind Prozesse zu vermeiden, die nur durch die Unklarheit der Rechtslage
veranlaßt werden. Insgesamt ist der Jurist wieder besser für diejenige
Funktion zu befähigen, in der er am nützlichsten ist: für die große
Mehrzahl der Fälle zuverlässig über die Rechtslage Auskunft geben zu
können, so daß eine solche Auskunft nicht erst in einem Prozeß gesucht
werden muß.

---

[57] Vgl. zur Verjährungsproblematik bei Regreßansprüchen *F. Peters-Zimmer-
mann*, in: Gutachten und Vorschläge (o. Fn. 11) 77, 234.

[58] Diese Frage ist in der vom Bundesjustizminister bestellten Kommission bisher
erst am Rande angesprochen worden. Denkbar ist etwa, in § 241 BGB unter dem
Oberbegriff des „Schuldverhältnisses" zu unterscheiden zwischen den auf eine
Veränderung der Güterlage gerichteten Leistungspflichten (doch vgl. o. Fn. 33)
und den auf bloße Wahrung des Erhaltungsinteresses gerichteten Schutzpflichten.
Denkbar ist auch, die Sonderverbindung als Oberbegriff einzuführen und ihr das
(im alten Sinn) auf Leistung gerichtete Schuldverhältnis sowie die Schutzpflichten
unterzuordnen. Nur wäre dann der Name des 2. Buches als „Recht der Schuldverhältnisse" ungenau.

[59] So sehr pointiert *H. P. Westermann-Karakatsanes*, Schuldrechtsreform in
Deutschland und Griechenland (1986) 19.

www.ingramcontent.com/pod-product-compliance
Lightning Source LLC
Chambersburg PA
CBHW060251230326
41458CB00095B/2516